AF318108

BIOGRAPHIE

DE S. A. R. MONSEIGNEUR LE

DUC D'ORLÉANS.

IMPRIMERIE DE PH. CORDIER,
Rue du Ponceau, 24.

BIOGRAPHIE

DE S. A. R. MONSEIGNEUR

FERDINAND - PHILIPPE - LOUIS - CHARLES - HENRI - JOSEPH

DUC D'ORLÉANS,

Né à Palerme, le 3 Septembre 1810,
Mort à Sablonville, le 13 Juillet 1842.

d'après les Documents les plus authentiques.

PAR A. DE LINDALL.

EQUE ROYALE

PRIX : 50 c.

PARIS.

DUTERTRE, LIBRAIRE ÉDITEUR,

PASSAGE BOURG-L'ABBÉ, 20.

1842

BIOGRAPHIE

DE S. A. R. MONSEIGNEUR LE

DUC D'ORLÉANS.

Le 3 septembre 1810, dans un des palais de la grande et belle ville de Palerme, sous le ciel brûlant et parfumé de la Sicile, une jeune et noble femme, pâle et languissante, reposait sur un lit somptueux. Auprès, et tout entouré de soie et dentelle, un tout petit enfant était placé dans un élégant et gracieux berceau. Oublieuse de toutes les souffrances qu'elle venait d'éprouver, doucement tournée vers la barcelonnette de son nouveau-né, l'heureuse mère comtemplait avec amour le frêle et délicat enfant et cherchait à retrouver dans ses traits mignons et encore insignifiants quelque ressemblance avec ceux de son époux alors loin d'elle, alors en Espagne. Mais elle pensait au bonheur que la naissance de son fils lui mettrait au cœur! Elle savait combien de rêves délicieux ils avaient fait ensemble sur l'avenir de cet enfant, leur orgueil et leur joie! Aussi comme elle priait Dieu avec ferveur pour ce fils, soit que le soleil se levât rouge et empourpré sur le flanc des montagnes siciliennes où paissaient de nombreux troupeaux, soit que ses rayons s'éteignissent peu à peu dans les vapeurs de la Méditerranée. Chaque jour lui apportait des jouissances nouvelles, chaque mouvement de l'enfant révélait en lui de la force et de la grâce; alors le front radieux d'espérance, les yeux humides et levés avec reconnaissance vers le ciel, donnaient à cette belle figure brune de la jeune mère, une harmonie touchante, une expression de trait et de bonheur intime digne du pinceau des artistes chrétiens lorsqu'ils illuminent le front de leurs madones.

Quelques semaines s'étaient écoulées depuis cet heureux événement.

Un soir, la jeune mère se promenait dans les jardins enchantés du palais, par une

de ces nuits chaudes et belles de la Sicile, de
ces nuits claires dans l'ombre, où la nature se
dessine à travers son voile de brume comme
sous une gaze transparante jetée sur elle. Elle
se sentait heureuse, rien ne lui manquait, ni
l'amour ni la famille, ni les merveilles de la
création déployées sous ses yeux et qui péné-
traient son âme d'inspirations sublimes et la
rendaient féconde en grandes et saintes pen-
sées. Le vent parfumé par l'arôme des orangers
en fleurs frappait doucement son visage. Les
mangolias, les daturas, portaient vers elle des
bouffées embaumées de leur odeur fantastique,
si suave et si énivrante qu'elle porterait au
cerveau, qu'elle donnerait le vertige si elle
n'était promptement dissipée par la brise fraî-
che et légère de la Méditerranée aux flots
doucement cadencés et où l'hirondelle trempe
en se jouant avec ses compagnes le bout de
son aîle veloutée et agile.

Ce soir devait être double le bonheur
de la jeune mère. A peine était-elle des jardins revenue dans son appartement, à peine
avait-elle embrassé son fils avec la tendresse
délirante qui remplissait son cœur, qu'un bruit

inaccoutumé dans le palais, à cette heure de la nuit, se fit entendre dans les cours. Aussitôt des portes s'ouvrirent, des pas précipités s'avancèrent vers elle, palpitante de bonheur elle aussi s'élance vers celui qu'elle ne pouvait encore voir, mais que son cœur lui nommait. Oh ! c'est que le cœur ne se trompe pas !! Oui c'était effectivement Louis-Philippe d'Orléans revenant d'Espagne, l'époux bien-aimé de Marie-Amélie, fille de Ferdinand IV, roi des Deux-Siciles, et de Marie-Caroline d'Autriche ; l'heureux père du jeune enfant, Ferdinand-Philippe-Charles-Louis-Henri-Joseph-d'Orléans, duc de Chartres. Mon enfant, s'écriait le duc en le contemplant avec ivresse, mon fils, mon bonheur et ma joie, en toi repose mon espoir, mon orgueil, notre orgueil à tous.

Quatre ans s'étaient écoulés. Ferdinand d'Orléans, duc de Chartres, était alors un ravissant enfant, aux boucles blondes de cheveux soyeux, aux joues rosées, au regard noble et doux. Il venait en France accompagnant sa famille, les événements politiques ayant mis fin à leur long et douloureux exil. C'était en 1814. De pénibles souvenirs nous reportent à cette époque où la France encore incertaine de sa destinée, chancelait d'un trône à l'autre, sans oser s'appuyer nul part, puis peu à peu elle sembla se rassurer; l'espérance raffermi son courage, elle eût l'espoir d'un avenir tranquille et doux. Le duc d'Orléans avait repris à la Cour le rang que lui assurait sa naissance. Néanmoins, mu par des idées libérales, il voulût que ses enfants, élevés sous l'impression des mêmes idées, reçussent avec les enfants des simples citoyens les bienfaits d'une éducation commune. Le collége de Henri IV fut choisi par le duc d'Orléans. Le jeune duc de Chartres, le tout petit enfant de Palerme y fit ses études classiques, et se distingua par une aptitude remarquable à toute espèce d'étude. Le désir de savoir avait, avant l'âge, stimulé sa vive intelligence, aussi parfois fut-on forcé de l'arracher au travail, quand au contraire il fallait y astreindre forcément les autres enfants de son âge. Des prix nombreux, obtenus consciencieusement aux concours généraux de l'université, attestent le succès de ses études. Aucune science ne lui fut étrangère; l'histoire, la géographie, les mathématiques, les principes de l'art militaire, la science de l'administration, tout lui fut familier ; il faut même dire qu'il se distingua dans toutes ses études séparément. Quant aux langues modernes, l'anglais, l'allemand et l'italien, le Prince apprit à les parler, non-seulement avec autant d'élégance et de facilité que le français, mais encore avec l'accent, avec l'inflexion particulière à chacune de ces langues.

A cette grande facilité de travail le jeune Prince joignait un caractère heureux et franc. Joyeux enfant il était le bout-en-train de ses camarades, méditait avec eux de bonnes espiègleries dont le résultat faisait éclater leur naïve gaieté, il avait soin alors de mettre de côté toute personnalité, toute distinction qui aurait pu apporter entre eux de la gêne et de la réserve. Que de fois aussi, quand un élève faible et craintif redoutait une reprimande, il a pris sur lui le méfait, assumant sur sa tête plus forte et plus courageuse la responsabilité et la punition encourue. Chéri de ses camarades, apprécié par eux, depuis sa sortie du collége de Henri IV, le duc de Chartres a été secourable pour beaucoup d'entre eux et n'a nullement perdu le souvenir des amitiés de jeunesse.

Maintenant nous arrivons à une époque où, jeune homme sorti des bancs du collége avec une bonne et solide instruction, avec des idées fortes et généreuses, il accompagne son père en Angleterre et en Ecosse. Ils partirent le 8 mai 1829. Le duc d'Orléans, désireux de compléter l'éducation de son fils par les voyages qui forment l'expérience de la jeunesse, l'amena à la cour de Londres, lui fit connaitre la constitution et les lois anglaises et le mit en relation avec les personnages illustres et recommandables des Trois-Royaumes-Unis.

On lit à ce sujet dans les papiers anglais : M. le duc d'Orléans et M. le duc de Chartres ont été présentés au Roi le 18 , dans l'après_ dînée, et sont restés fort longtemps avec S. M. LL. AA. RR. qui habitent l'hôtel Blake, dans Jermyn-Street, ont reçu la visite du duc de Camberland, et du prince Léopold ; plusieurs ambassadeurs et ministres étrangers sont venus également présenter leurs hommages aux deux illustres voyageurs, qui, hier, ont été visiter le duc de Wellington et le prince Esterhazy. Le même jour, ils ont dîné avec le Roi au palais de S. James ; on distinguait parmi

les convives le duc de Cumberland, le baron
Bulow, ministre de Prusse; le prince Esterhazy, lord Garnbrough, etc.

De Londres, le duc de Chartres partit pour
l'Écosse. Voici au surplus un extrait de l'*Ob-
servateur d'Edimbourg*, du 1er août 1829.

S. A. R. le duc de Chartres, venant du nord, est
arrivé mercredi à l'hôtel de Douglas, sur la place
de S. André. Hier, S. A. R. a visité *Holyrood-
House*, les cours et le château. Elle était accompagnée, outre les personnes de sa suite, de
sir Patrick Walter et de M. Lainé, consul français. Dans le cours de la journée, elle a reçu
la visite du lord prévôt, sir John-Sinclair, et
(nous le croyons) celle de sir R. W. Collaghan,
commandant militaire. Elle doit, dit-on, assis-
ter aujourd'hui à la revue de l'Yeomaury sur
les sables de Portobello. Le jeune Prince re-
part pour Londres samedi matin. Il parle la
langue anglaise avec beaucoup de facilité et de
pureré, chose très rare pour un français de
son âge, et qui a été élevé à Paris. S. A. R. a
quitté Inverness vendredi matin et s'est dirigée
par le marais de Culloden et le château de
Cawdor. Ce jour là, à 5 heures du matin,

elle a fait l'esquisse de la maison qu'occupa le prince Charles (le prétendant) avant la bataille de Culloden; en arrivant à cette dernière place, le royal voyageur est descendu de voiture, et a examiné attentivement la situation du champ de bataille où avaient combattu les deux armées ennemies. Après une courte halte, il a continué sa route vers Cawdor, et en peu d'heures, il a atteint le château de Gordon, où il a trouvé une hospitalité splendide.

Mais le temps était venu pour le duc de Chartres, de prendre enfin sa place dans le corps social. A son retour il fut appelé à commander le 1er régiment de hussards, alors à Lunéville. Etait-ce une faveur ou une épreuve? Etait-ce une marque de confiance envers le jeune Prince, ou un piège tendu à son inexpérience?.... Le fait est que la Cour se montra excessivement curieuse de connaître toutes les actions du jeune Prince, mais aucune d'elles ne put donner prise à la malveillance; le duc de Chartres fût ce qu'il devait être, affable sans familiarité, prudent et courageux.

La Cour reçut de Lunéville à l'arrivée du duc de Chartres, les détails suivants :

S. A. R. Monseigneur le duc de Chartres, accompagné du général Baudrand, son aide de camp, est arrivé ici le 1ᵉʳ septembre, et a fait son entrée à cheval, à la tête du régiment qui porte son nom.

Ainsi que le prescrivent les réglements à l'égard des princes du sang, toutes les troupes du camp étaient sous les armes et placées sur son passage, pour rendre à S. A. R. les honneurs dus à son rang. Malgré une pluie battante, une partie de la population se pressait en foule pour voir ce jeune Prince, qui se faisait remarquer par ses grâces et sa bonne tenue.

Le général Mermet, qui commande en chef les divisions du camp, accompagné des lieutenants-généraux Cavaignac et Vincent, et suivi des différents états-majors, était à cheval près de S. A. R. qui est décendue au château qu'occupait le maréchal prince de Hohenlohe. Immédiatement après, le Prince a reçu les différents corps d'officiers, qui lui ont été présentés par le général Mermet. S. A. R. a également reçu les autorités civiles de Lunéville. Le jour suivant, le jeune Prince a pris le commandement de son régiment et n'est plus considéré que comme colonel.

Beaucoup d'étrangers, principalement des Suédois et des Anglais, sont venus voir le camp. Fitz-Clarence, colonel anglais, n'est parti qu'après l'arrivée de S. A. R.

Cependant la bonté du Prince lui avait gagné l'estime et l'affection des officiers du régiment qu'il commandait. A la levée du camp il conduisit son régiment en garnison à Joigny. Il y était depuis quelque temps, lorsqu'arriva la révolution de Juillet. Dès la première nouvelle de l'événement, le Prince, inquiet pour sa famille, se dirigea en toute hâte vers Paris. Mais à Montrouge le peuple arrêta sa voiture. Il eut recours pour pénétrer dans Paris au maire et à un officier de la garde nationale qui aussitôt se rendirent à l'Hôtel-de-Ville, où un passeport pour le Prince fut accordé à leurs sollicitations. Mais dans ces entrefaites le duc de Chartres, toujours à Montrouge, reçut un message de sa famille, qui lui mandait qu'elle ne courait aucun danger au milieu de ces graves événements et lui enjoignait de retourner à son régiment. Le soir même il voyageait vers Joigny, avec autant de précipitation qu'il était venu sur Paris. Mais le 5 août il revenait à la tête de ce même régiment, qui le premier entra dans Paris avec le drapeau tricolore!... Le duc de Chartres était suivi et précédé des gardes nationales de Rouen et d'Evreux, et d'un nombre très considérable de jeunes gens. Il avait à sa droite son père, le duc d'Orléans, et à sa gauche, son jeune frère, le duc de Nemours, qui étaient venus l'attendre à la barrière de Charenton. Ils se rendirent au Palais-Royal en suivant les boulevarts, leur passage fut salué par les plus vives acclamations.

Deux jours auparavant (3 août) par ordonnance de Louis-Philippe d'Orléans, Lieutenant-Général du royaume, les ducs de Chartres et de Nemours, ses fils aînés, furent autorisés à siéger à la Cour des Pairs pendant la session.

Maintenant le Prince était initié à notre gloire nationale.

A la formation de la garde nationale, il écrivit au général Lafayette, cette lettre remarquable :

Palais-Royal, ce 11 septembre 1830.

« Vous ne serez pas étonné, mon cher général, que j'éprouve le désir de faire partie de cette glorieuse garde nationale, que vous avez commandée aux deux grandes époques de notre histoire moderne, et dont vous avez chaque fois si noblement guidé l'héroïsme. C'est le devoir de tout bon citoyen, et plus que tout autre je tiens à le remplir. C'est dans l'artillerie de la garde nationale que je désire être inscrit comme canonnier, parce que je pourrais souvent en faire le service sans manquer à mes autres devoirs.

« Je saisis, d'ailleurs, avec empressement, mon cher général, cette occasion de vous renouveler l'assurance de tous les sentiments que je partageais déjà avec cette milice citoyenne, à laquelle je serais maintenant fier d'appartenir.

« Votre affectionné,

« FERDINAND-PHILIPPE D'ORLÉANS. »

Le duc de Chartres, devenu duc d'Orléans par l'avénement de son père au trône des Français, nous rappelle la séance du 25 juillet 1831, de la Chambre des Pairs.

2

Quarante drapeaux pris sur l'ennemi et envoyés par Napoléon au sénat conservateur (1er brumaire an 14) ayant été cachés en 1814, reparurent ce jour-là et décoraient la salle des séances. Le duc d'Orléans était présent, et à l'allocution du marquis de Sémonville, voici la réponse du Prince :

« Messieurs,

» Je suis heureux de remercier l'orateur qui descend de cette tribune, de la confiance qu'il vient de témoigner dans mon patriotisme et dans le dévoûment avec lequel je défendrai toujours cet honneur national qui n'est pas moins cher au pays que sa liberté. Je n'avais pas besoin, pour me rappeler tous mes devoirs envers la patrie, de tous ces trophées, monuments impérissables des victoires de nos armées, et gages assurés des succès qui les attendent encore, si nous sommes forcés de combattre pour la cause de nos institutions et de notre indépendance ou pour le soutien de nos intérêts et de nos sympathies nationales. La France me verrait, le jour où elle ferait un appel à ses enfants, y répondre le premier, à la tête de cette jeunesse dont je suis fier d'être le contemporain, et qui réaliserait, j'en suis sûr, l'espoir que la Patrie a placé en elle, pour le maintien de sa gloire et de sa grandeur. Puissent ces drapeaux, conquis par plusieurs de ceux qui m'écoutent, et sauvés par la patriotique sollicitude de votre grand référendaire, rappeler à tous, au dedans et au dehors, de quels efforts la France est capable, sous les couleurs que la nation a si glorieusement reconquises et dont je serai toujours, après le Roi, le plus ferme soutien et le plus zélé défenseur.

(De vives acclamations se firent entendre.)

Peu de temps avant cette séance, le Prince royal venait de parcourir différentes provinces de la France et sa présence détruisit le souvenir que les membres de la branche aînée y avaient laissés dans le voyage fait par eux l'année précédente.

Jaloux de gloire et de renommée, aussitôt que la généreuse détermination de voler au secours de la Belgique eut été prise par le conseil, le duc d'Orléans se rendit au quartier du 1er régiment de hussards dont il était colonel. Accueilli par les acclamations de ces braves à qui était déjà parvenue la nouvelle de la guerre, le jeune Prince, après avoir rangé son régiment en cercle, lui adressa cette simple allocution :

« Braves Camarades,

» La Hollande, au mépris des traités et du droit des gens, attaque aujourd'hui la généreuse nation Belge. La Belgique, notre alliée, réclame le secours de la France : le Roi mon père a résolu de voler à sa défense. Que demain, à six heures, notre régiment soit en marche ; dès ce soir je pars avec le brave maréchal Gérard. Camarades, nous nous retrouverons à la frontière, et c'est en face de l'ennemi que je prouverai que je suis aussi digne que fier de marcher à votre tête.

Le régiment partit le lendemain 5 août. Mais le Prince royal accompagné de son frère, le duc de Nemours, qui commandait le 1er régiment de lanciers, s'étaient mis en route dès la veille, à 11 heures 1/2 du soir. Cette campagne ne fut, au surplus, qu'une promenade, puisque la vue seule de notre armée effraya tellement les hollandais, qu'ils prirent la fuite au moment où ils allaient entrer à Bruxelles.

A peine le jeune Prince était de retour à Paris qu'il apprend l'insurrection de Lyon. Cette ville se débattait contre les malheurs d'une guerre civile quand le duc d'Orléans, accompagné du maréchal Soult, y arriva, et calma, autant que possible, l'effervessence des esprits. Ce n'était pas chose facile. La tempête grondait encore sourdement dans les masses populaires toujours exaspérées par la vue du sang et le souvenir de leurs pertes. Mais les mesures énergiques en même temps que conciliatrices du duc d'Orléans, aidé du maréchal Soult, désarmèrent la populace qui rentra dans ses foyers ainsi qu'un fleuve rentre naturellement dans son lit après avoir débordé et ravagé de belles campagnes par le cours impétueux de ses flots écumants.

Mais un fléau bien autrement terrible que la guerre décimait la population parisienne. Chaque jour des centaines de personnes riches et pauvres, femmes et hommes, étaient jetés pêle-mêle dans une fosse commune ; les hôpitaux régorgeaient de malades et les maisons particulières elles-mêmes n'étaient plus que les succursales de ces établissements. Nous sommes à l'époque du choléra ! !

Dans un de ces moments où la maladie s'é-
vissait avec le plus d'intensité et où les médecins eux-mêmes n'osaient décider si l'épidé-
mie était ou non contagieuse, un beau et noble
jeune homme au regard doux, à la voix per-
suasive, aux paroles consolatrices, parcourait
les salles de l'Hôtel-Dieu. A tous les lits presque il s'arrêtait, prenait la main du malade entre
les siennes, l'encourageait dans ses souffrances
et lui parlait de guérison et d'avenir. Ah! sans
doute, dans cet instant, le jeune homme était
soutenu par un illustre exemple. Il savait que,
comme les pestiférés de Jaffa, les cholériques
de l'Hôtel-Dieu béniraient le Prince qui venait
au milieu d'eux, sans crainte et sans dégoût,
adoucir par sa présence les angoisses de la
mort et les fortifier contre les douleurs pré-
sentes. Aussi il est des souvenirs qui restent
toujours au cœur, il est des actions qui jamais
ne sortent de la mémoire de la postérité. Ce
Prince qui exposait ainsi sa noble vie, qui ne
reculait pas devant le spectacle effrayant de
ces cholériques dont tous les traits étalaient la
plus affreuse décomposition; ce Prince était le
duc d'Orléans, l'héritier présomptif du trône!!!

Mais sa compassion pour les malheureux ne se borna pas à cette visite. Il fit offrir au Préfet de police une somme suffisante pour donner aux indigents malades dans leurs demeures les médicaments convenables à leur position. Des mesures à cet égard étaient déjà prises par l'autorité. Alors le Prince fit, avec cette somme, distribuer des vivres aux pauvres de Paris. Sa prévoyante bonté s'étendit jusqu'aux départements qui reçurent aussi pour leurs indigents de l'argent grandement offert et noblement employé.

La Vendée était alors agitée ; craignant pour nos provinces méridionales quelques ramifications de cette guerre civile, le Prince royal résolut de détourner par sa présence l'influence de cette agitation. Il quitte Paris le 25 mai, arrive à Lyon le 28, félicite le peuple de sa laborieuse tranquillité, lui promet le rétablissement de la garde nationale et part pour Marseille, où il ne tarde pas à apprendre les événements des 5 et 6 juin, lors des funérailles du général Lamarque. Alors il se dirigea en toute hâte vers la Capitale, mais tout était redevenu tranquille lorsqu'il y arriva.

A la fin de 1832, les Hollandais ne possédaient plus en Belgique, que la citadelle d'Anvers. C'était-là qu'était leur dernier poste, et la défense en était confiée à l'un de leurs plus braves généraux. Le secours de la France était indispensable à la nation belge pour détruire ce dernier boulevard de la domination étrangère ; le Roi répondit à l'appel qui lui avait été fait : l'armée du Nord rentra en Belgique, pour la seconde fois, sous les ordres du brave maréchal Gérard. Monseigneur le duc d'Orléans et son frère le duc de Nemours firent partie de cette seconde expédition.

L'avant-garde de l'armée, ce poste d'honneur qu'on ne confie qu'aux plus braves, fut placée sous les ordres de Monseigneur le duc d'Orléans. Le 19 novembre, il était sous les murs de la citadelle ; le 21, toute l'armée avait rejoint l'avant-garde, et les travaux du siége commencèrent immédiatement. On parlementa ; mais le général Chassé, commandant de la citadelle, refusa toute proposition, et les hostilités commencèrent le 30 novembre.

Le siége fut dès lors vigoureusement poussé, malgré les difficultés sans nombre suscitées par

la saison, les accidents de terrain, l'habile et
courageuse défense des assiégés. Monseigneur
le duc d'Orléans prit sa part de toutes les fatigues et de tous les dangers. Général de cavalerie, il n'en commandait pas moins la tranchée
à son tour de service.

Tant d'efforts eurent enfin un résultat : le
14 décembre à cinq heures du matin, la lunette
Saint-Laurent tomba en notre pouvoir. Ce
premier succès électrisa nos troupes ; mais la
place n'en continuait pas moins sa défense
désespérée ; ce ne fut que le 23 du même mois,
quand la brèche ouverte permettait l'assaut,
quand la citadelle, démantelée de toutes parts,
n'offrait plus qu'un monceau de ruines, que le
général Chassé capitula. Le 24, la garnison sortit
de la citadelle, et déposa les armes sur les
glacis. La campagne était terminée, le but était
atteint : la Belgique était libre ; les dominateurs
étrangers avaient disparu, il n'y avait plus
que des prisonniers de guerre. Le 28, les princes revinrent à Paris, et le maréchal Gérard ne
fut que juste en leur accordant les éloges dus
à leur bravoure et à leurs services.

En 1833, le duc d'Orléans, ayant gardé le

souvenir de l'aimable accueil qu'en 1829 il avait reçu de l'Angleterre, voulût y faire sa visite comme prince royal de France. Le 4 mai il s'embarque à Calais. Arrivé à Londres, il est présenté au Roi par lord Grey. Sa Majesté fût on ne peut plus bienveillante pour le Prince, qui plusieurs fois eut l'avantage de dîner avec elle. Le Duc visita ensuite Liverpool et Manchester. Dans un de ces voyages un postillon, conduisant sa voiture, tombe et se casse la jambe; affligé de cet accident, le Prince lui fait remettre cent louis.

Mais la monarchie de 1830, n'en avait pas encore fini avec la guerre civile. Des troubles graves éclatèrent en avril 1834, à Saint-Etienne. Paris s'agita, et la fusillade retentit bientôt dans nos rues. LL. AA. RR., le Prince royal et le duc de Nemours, voulurent encourager les troupes de leur présence, en se rendant au milieu d'elles. Cette détermination, qu'on ne saurait blâmer, amena de nouveaux malheurs. Au moment où les Princes traversaient la rue Saint-Martin, plusieurs coups de feu furent dirigés sur eux, du troisième étage d'une maison voisine; heureusement ils ne furent pas atteints. Une balle, qui avait passée entre le duc d'Orléans et un de ses aides-de-camp, alla percer le schako d'un soldat qui marchait à leur côté, pendant qu'un pavé, lancé de la même maison, venait également tomber auprès d'eux. A cette vue, les pelotons d'infanterie qui accompagnaient LL. AA. RR., s'élancèrent dans les maisons d'où étaient partis les coups de feu : plusieurs insurgés, trouvés armés, furent passés par les armes ; malheureusement les coupables seuls ne furent point frappés, et des victimes innocentes payèrent de leur vie leur présence dans ces maisons.

Bientôt le duc d'Orléans voulut d'autre gloire que celle recueillie parmi des émeutes populaires.

La restauration avait conquis Alger. Les cris de triomphe furent le chant du cygne. Quelque soient les torts qu'on puisse reprocher à la branche ainée, on ne peut que louer cette conquête qui tout en détruisant un nid de pirates, nous donnait la souveraineté d'une côte où pourrait un jour florir une brillante colonie. Fidèles à toutes nos gloires, nous acceptâmes l'héritage qui nous était légué ; mais à vrai dire la plus belle partie en était encore au pouvoir des indigènes et il fallait continuer la conquête ; le soin en avait été remis au maréchal Clausel, et à la fin de 1855, il préparait l'expédition qui devait nous donner Mascara.

Monseigneur le duc d'Orléans demanda au Roi et en obtint l'autorisation d'aller en Afrique partager les dangers de notre brave armée. La présence de S. A. R. en Algérie avait une portée immense pour la colonie, en ce sens qu'il la rassurait complètement sur son existence, que de certains hommes remettaient journellement en question à Paris. Aussi la joie fut grande à Alger quand Monseigneur le duc d'Orléans y débarqua le 10 novembre, et ce fut aux acclamations de toute la population qu'il put atteindre l'habitation qui avait été préparée pour le recevoir.

Toute l'armée expéditionnaire s'était concentrée au camp du Figuier. Monseigneur le duc d'Orléans part pour le rejoindre le 19 ; le 22, il arrive à Oran, et le 26, au camp. Immédiatement l'armée s'ébranle, et le 28, elle est en marche sur Mascara. Mascara située sur le versant sud des collines qui ferment au nord la plaine d'Eghes, est assise sur deux mamelons séparés par un ravin où l'eau coule en tout temps ; les Arabes étaient maîtres de cette position.

Nous ne rapporterons pas ici tous les détails de la campagne : nous nous bornerons à rappeler qu'elle ne dura que 20 jours et nous donna cependant Mascara. Ce fut pendant cette campagne que, s'étant porté avec le maréchal Clausel en tête de l'armée, et n'ayant plus en avant que quelques tirailleurs, le Prince se trouva en face d'une masse énorme d'arabes. L'escorte peu nombreuse chargea avec furie et parvint à maintenir l'ennemi ; bientôt des secours arrivés à la hâte dégagèrent le prince et le maréchal. Monseigneur le duc d'Orléans contribua au succès de cette campagne, en enlevant, à la tête de l'infanterie, la position sur laquelle s'appuyait la ligne des arabes. Ce fut dans cet instant qu'une balle le frappa à la cuisse gauche, au dessus du genou ; heureusement elle ne produisit qu'une forte contusion. Mais une affreuse dyssentérie, résultat des fatigues et des souffrances de la campagne, affligeait l'armée, le prince royal en fut atteint et ce fut à Mostaganem, petite ville à un quart de lieue de la mer, qu'il faillit périr de cette maladie.

Le 2 mai 1836, les ducs d'Orléans et de Nemours partent pour l'Allemagne. Après avoir successivement visité Trêves, Coblentz, Hagen, Cologne, Halberstadt, Magdebourg et Brandebourg, ils arrivèrent à Berlin. Ce fut dans ce voyage que le duc d'Orléans vit pour la première fois la princesse Hélène de Mecklenbourg-Schwerin ; des négociations avaient déjà eu lieu pour le mariage. Le roi de Prusse s'en montra hautement satisfait et manifesta publiquement au Prince royal ses sentiments affectueux. La cour suivit l'exemple donné par son souverain ; le Prince y reçut la preuve d'une bienveillance très-marquée, bienveillance que d'ailleurs il méritait par l'urbanité de ses manières.

M. Augustin Thierry venait de terminer un nouvel ouvrage, et, au retour du Prince royal, auquel il voulait le présenter, il fit demander une audience. Le duc d'Orléans répondit immédiatement qu'il savait que malheureusement l'état de santé de M. Thierry ne lui permettait pas de se déplacer sans inconvénient, mais que ne voulant pas se priver du plaisir de causer avec lui quelques instants, il irait le voir le lendemain. On sait que ce savant historien est privé de la vue et de l'usage de ses jambes.

M. le duc d'Orléans se rendit en effet le lendemain matin chez M. Augustin Thierry, qu'il trouva entouré de sa famille. Après une conversation qui parut intéresser vivement les deux interlocuteurs, M^r le duc d'Orléans se retira en renouvelant à M. Augustin Thierry l'assurance de tout l'intérêt avec lequel il suivait ses nombreux et importants travaux.

Il est difficile de dire qui cette visite honore le plus, de l'écrivain qui l'a reçue, ou du Prince qui savait si bien allier la dignité de sa position avec les égards dus au véritable talent.

Un ancien condisciple de son Altesse Royale, M. Achille Guilhem, auditeur au conseil-d'état, se trouvait depuis plusieurs semaines retenu chez lui par une entorse. Instruit du regret qu'avait ce jeune homme de ne pouvoir lui rendre ses devoirs, le duc d'Orléans vint le visiter. Une attention aussi délicate toucha sensiblement M. Guilliem qui déjà avait eu des preuves positives de l'attachement et de la bonté du Prince.

Ce ne fut qu'au mois d'avril 1837, que le mariage du Prince royal avec la princesse Hélène de Mecklembourg-Schwerin fut officiellement connu. A cette occasion, les Chambres votèrent un million de rente au duc d'Orléans, qui donna 162,000 fr. pour la distribution des livrets de la Caisse d'épargne aux enfants qui se seraient le plus distingués dans les écoles des principales villes; 300,000 fr. furent également consacrés en libéralités sagement ordonnées, savoir : 15,000 fr. à la fondation de bourses à l'école de St.-Cyr, pour les sous-officiers qui seraient admis à cette école militaire par suite de leurs examens; 50,000 f. pour procurer du travail aux ouvriers de Lyon, et enfin, 100,000 fr. pour encourager dans l'île de Corse la culture du mûrier.

Le 25 mai, la princesse Hélène entra à Metz. Le duc d'Orléans arriva à Châlons-sur-Marne le 29, fit une visite à la Princesse qui s'y trouvait, et retourna immédiatement à Fontainebleau.

Le 25, la reine des Belges arriva à Neuilly. Le 27, toute la famille royale partit pour Fontaine-bleau, où le roi des Belges arriva le lendemain.

Dès que l'itinéraire de la princesse Hélène fut officiellement tracé, on chercha à La Ferté-sous-Jouarre, où la Royale fiancée devait s'arrêter une nuit, une maison assez vaste pour recevoir convenablement, elle et sa suite. M. D., propriétaire de l'habitation le mieux située et la plus belle de la ville, s'empressa de la mettre à la disposition des illustres voyageurs. Toutefois, comme l'ameublement se trouvait insuffisant, la Liste civile expédia de ses riches magasins les lits somptueux, les tentures de soie, les tapis magnifiques qui devaient transformer la modeste habitation bourgeoise en un palais princier. Après le départ de la Princesse, lorsque le propriétaire s'apprêtait à détacher les tentures et à rouler les tapis pour les expédier soigneusement à l'adresse du Conservateur du mobilier de la Couronne, une lettre adressée à M. D. par l'Intendant de la Liste civile lui annonçait que, pour lui éviter de nouveaux dérangements, S. M. le priait de laisser toutes les choses à

leur place, et de garder ce mobilier en souvenir de sa bonne et généreuse hospitalité. Au
nombre des richesses qui composaient ce mobilier, on remarquait sur tout des tapis du
plus grand prix.

Leurs Altesses royales M. le duc de Nemours
et M. le prince de Joinville allèrent à Melun,
et amenèrent à Fontainebleau la princesse
Hélène et la grande-duchesse douairière de
Mecklenbourg.

Le 30, à 9 heures du soir, le mariage civil
fut célébré et, immédiatement après, le mariage
religieux. On sait avec quel éclat Paris et la
France célébrèrent les fêtes du mariage. Ces
fêtes commencèrent à Fontainebleau, où nos
célébrités artistiques déployèrent devant la
cour, par des représentations théâtrales, don-
nées tous les soirs, la splendeur de leurs
beaux talents. Les 4, 5 et 6 juin, Son Altesse
Royale Mme la duchesse d'Orléans reçoit aux
Tuileries et part pour Versailles, où le Roi
convie les Chambres à un grand banquet.
Mais les fêtes de l'hyménée devaient être trou-
blées par une affreuse catastrophe. Dans les
réjouissances que donna la Ville de Paris,

nombre de personnes furent tuées et blessées au Champ-de-Mars. Nous croyons inutile de rappeler les détails douloureux de cet événement qui a porté le deuil dans bien des familles. Le Prince royal, au milieu de son bonheur, en fut vivement peiné; il l'exprima hautement, et sa générosité se montra fertile à secourir les personnes que cet événement, mettait hors d'état de pourvoir à leurs besoins ou à ceux de leur famille.

Le 19 eut lieu le banquet et le bal de l'Hôtel-de-Ville. Nous avons encore la mémoire de la splendide magnificence qui donna à ces fêtes une pompe vraiment royale. La garde nationale de la banlieue et celle de Paris, dans les rangs de laquelle Mgr. le duc d'Orléans s'était si souvent trouvé, voulut aussi prouver à ce Prince toute la part qu'elle prenait à son bonheur. Un bal lui fut offert, et eut lieu dans les salles de l'Opéra : puis les fêtes se terminèrent par un autre bal donné aux Tuileries par S. M. le Roi des Français.

Peu de temps après son mariage, le Prince royal fit en France un voyage officiel, et partout, sur son passage, il reçut l'expression de la plus vive allégresse.

Mais le bonheur du Prince devait s'augmenter encore : le 24 août 1838, à 2 heures 50 minutes après-midi, S. A. R. Mme la duchesse d'Orléans accoucha du prince Louis-Philippe-Albert d'Orléans, comte de Paris. La France entière fêta cet heureux événement, et le Prince royal ressentit dans son cœur une joie aussi grande que celle qu'avait autrefois éprouvé son auguste père, lorsque de retour d'Espagne à Palerme, il put embrasser son nouveau-né.

En 1839, l'Afrique jouissait de la paix depuis deux années ; l'œuvre de la colonisation se développait rapidement sous l'influence du sage gouverneur. Monseigneur le duc d'Orléans voulut profiter de ce calme pour aller étudier le pays et les besoins de la colonie. Il partit au mois d'août, accompagné de M. Blanqui, l'économiste, de M. de Mirbel, le savant botaniste, et d'une foule d'autres membres de l'Institut et de députés. Il visita, à la tête de cette troupe savante et pacifique, tous les points de la régence qui étaient alors en notre pouvoir, notamment Constantine, Oran, Philippeville.

Cependant ce voyage, jusque-là si paisible, s'anima tout à coup, le maréchal Valée voulut se porter dans l'ouest de la province de Constantine, pour compléter l'occupation de cette province, et ouvrir des communications de Sétif à Bougie. Monseigneur le duc d'Orléans désira prendre part aux travaux et aux fatigues de l'armée, comme il s'était autrefois associé à ses dangers, et il demanda, sous les ordres du maréchal, un commandement dans cette expédition, qui avait pour but d'affermir la domination Française, dans cette partie de l'Algérie.

Les troupes se mirent en marche le 16 octobre, formant deux divisions; la première de ces divisions était sous les ordres de S. A. R.

C'est dans cette campagne, ou plutôt dans cette reconnaissance, d'un pays encore tout nouveau pour nous, que le Biban fut franchi, ainsi que les Portes-de-Fer. La division de M. le duc d'Orléans, y passa la première. Le résultat de cette promenade militaire fut de faire voir notre drapeau et nos troupes dans des contrées qui nous étaient jusque-là étrangères, bien que soumises de droit à notre domination. Notre passage aux Portes-de-Fer, ces dangereux défilés, où les voyageurs isolés éprouvent nombre de difficultés causées par les accidents de terrain; notre passage dans ces dangereux défilés, disons-nous, franchis par notre brave armée, fit comprendre aux populations arabes que les plus grandes difficultés ne nous arrêtaient point, et qu'il n'était nulle retraite, si sauvage qu'elle soit, où l'ennemi pût se croire à l'abri de notre poursuite.

De retour à Paris, le Prince employa son influence à faire exécuter en Afrique toutes les améliorations qu'il avait reconnues pouvoir être réalisables pour le bien de notre belle colonie. Nos colons réclamaient souvent de lui l'emploi de sa haute influence pour appuyer leurs demandes, et il ne la refusait jamais, lorsque les demandes étaient motivées. Voici une réponse qu'il fit à une demande collective; elle prouve, mieux que tout ce que nous pourrions ajouter, toute la sollicitude du Prince pour une cause qui lui était chère, ainsi qu'il le dit lui-même.

Paris, 15 janvier 1840.

« Vous avez raison, Messieurs, de compter sur l'intérêt avec lequel je m'occuperais de la question des indemnités à accorder aux colons d'Alger, victimes des incursions des Arabes. Leurs malheurs n'ont pu que rendre plus vive la sympathie que je leur avait manifestée dans une époque de calme et de sécurité. Déjà, avant la lettre que vous m'avez adressée, je m'étais empressé d'intervenir dans ce but; et aussitôt que le gouvernement du Roi aura reçu les documents que, par l'intermédiaire de M. le Maréchal-Gouverneur de l'Algérie, vous devez transmettre à Paris, avec le concours de M. le directeur de l'Intérieur, tous mes efforts auprès de M. le Président du conseil des ministres auront pour objet d'obtenir la décision la plus prompte et la plus favorable qu'il sera possible, dans l'intérêt d'une cause qui m'est chère et que je ne perds jamais de vue.

« Recevez, à cette occasion, la nouvelle assurance de tous mes sentiments pour vous;

« Votre affectionné,

« FERDINAND-PHILIPPE d'ORLÉANS. »

Au mois de mars 1840, les Arabes font une nouvelle levée de boucliers. Ils se répandent comme un torrent débordé, et leurs hordes sauvages inondent les campagnes jusqu'aux portes d'Alger. La mort, la dévastation, l'incendie, marquent partout leur passage. A la réception de ces nouvelles, Monseigneur le duc d'Orléans accompagné de son jeune et digne frère le duc d'Aumale, part pour l'Afrique. Il arrive à Alger le 13 avril, et l'armée se met en campagne quelques jours après l'arrivée des Princes.

Monseigneur le duc d'Orléans, commandait une division, et formait l'avant-garde. Partout l'ennemi est refoulé et poursuivi, mais enfin on rencontre Abd-el-Kader, à la tête de 5,000 réguliers. L'habile Emir s'est retranché avec sa troupe au Teniah, ou col de Mouzaïa. Il a fait mettre pied à terre à sa cavalerie; douze redoutes, toutes parfaitement conçues et disposées, dont cinq armées de canons, protègent encore la position naturellement presque inexpugnable qu'il a choisie. Le Teniah est un défilé très-étroit que dominent des crêtes d'une hauteur effrayante, c'est cette position, défendue par le brave Emir en personne, qu'il s'agit d'emporter.

M. le maréchal donne l'ordre à Monseigneur le duc d'Orléans, de forcer cette position. Aussitôt le Prince royal lance sa troupe sur les crètes, qu'après la plus vigoureuse défense, on emporte à la bayonnette. Grâce à l'élan que le Prince royal sut imprimer à ses soldats, l'attaque fut si prompte, si soudaine, que nous ne perdîmes que peu de monde, comparativement à la difficulté qu'il s'agissait de vaincre.

On avait bien commencé, mais il restait, à forcer le défilé lui-même. Pendant que les troupes qui se sont emparées des crètes continuent leur mouvement et s'établissent dans les positions dont elles viennent de déloger l'ennemi, Monseigneur le duc d'Orléans, avec des troupes fraîches, et soutenu par le canon que le maréchal, par une manœuvre habile, est parvenu à amener devant le Col, s'élance dans ce profond défilé, l'épée à la main, et à la tête de la colonne. Son noble frère le duc d'Aumale donnait aussi de sa personne, et chargeait comme son frère, le sabre au poing. L'ennemi ne peut résister à ce choc terrible, il est refoulé, culbuté. A ce moment les colonnes maîtresses des crètes, se précipitent aussi dans le défilé, et l'ennemi fuit dans le plus grand désordre, comprenant enfin que rien ne peut arrêter nos braves soldats, commandés par d'aussi habiles chefs.

La campagne terminée les jeunes princes revinrent à Paris ; le duc d'Orléans ayant un beau fait de plus à ajouter à son histoire, le duc d'Aumale, initié à notre gloire militaire, par le baptême de feu qu'il venait de recevoir.

Monseigneur le duc d'Orléans, bien que pair de France, bien qu'assistant aux séances, autant du moins que le lui permettait sa position, prenait rarement la parole. L'esprit si juste du prince lui avait fait comprendre que cette réserve était le véritable rôle que put jouer un héritier présomptif du trône. Cependant le 18 novembre 1840, Monseigneur le duc d'Orléans prit la parole, dans une séance de la chambre des pairs, pour répliquer à un fort long discours de M. le général comte de Sparre. Il le fit avec beaucoup d'habileté, de concision et de tact. Les applaudissements de la noble chambre ne furent certainement que l'expression bien franche de son estime pour le jeune orateur. La cause qu'il défendait d'ailleurs était belle. Il s'agissait de l'organisation de ces bataillons de tirailleurs, dits *de Vincennes*, de l'organisation desquels il avait été chargée, et qui rendirent et rendent encore de grands services en Algérie.

Peu de jours avant ce brillant discours prononcé par le Prince royal à la chambre des pairs, S. A. R. Mme la duchesse d'Orléans venait de donner à la France un second prince. S. A. R. était accouchée le 9 novembre, à midi et demi, de Robert-Philippe-Louis-Eugène-Ferdinand d'Orléans, duc de Chartres.

Maintenant nous arrivons à la terrible calamité qui a frappé à l'improviste la maison royale de France, et qui a répandu plus de deuil sur le pays que toutes les agitations et les odieux attentats auxquels échappèrent si providentiellement le Roi et ses fils. Nous voulons parler du funeste accident qui causa la mort du Prince royal, de l'héritier présomptif de la couronne. Cette mort prématurée ne frappe pas seulement l'auguste famille, elle frappe la France dans son futur avenir, elle frappe l'Europe entière, intéressée aux destinées de la France.

Au milieu de l'affliction immense que reçoit le pays de ce fatal évènement et des regrets profonds qu'excite la perte du Prince royal;

Prince si digne d'être aimé, nous croyons devoir retracer les détails de cette douloureuse catastrophe.

M. le duc d'Orléans était dans une calèche découverte, attelée à la Daumont, de deux chevaux seulement et conduits par un postillon. S. A. R. était ordinairement accompagnée d'un aide-de-camp ou d'un officier d'ordonnance, elle était seule ce jour-là dans sa voiture.

Le Prince se rendait à Neuilly, ne sachant pas que le Roi dût lui-même venir à Paris à midi pour présider le conseil des ministres. Il comptait revenir à Paris et se mettre en route dans la soirée pour Saint-Omer. Ses fourgons étaient prêts dans la cour des Tuileries.

Les chevaux se sont emportés sur la grande route de Neuilly, à peu de distance du rond-point de la porte Maillot. La route qui vient de Paris à cet endroit, a trois issues : en face la continuation ; à droite et perpendiculairement à cette route, le chemin de la Révolte ; entre les deux, un chemin plus étroit qui conduit directement au château de Neuilly et que la voiture devait prendre. Le postillon n'était plus maître des chevaux ; au lieu de prendre le chemin du château, les chevaux, tournant à angle droit, se précipitèrent au galop, avec une effroyable vitesse, dans le chemin de la révolte.

Le Prince, qui s'était déjà aperçu que les chevaux prenaient le mors aux dents, les voyant quitter la route qu'ils devaient suivre, commença à s'inquiéter. Quelques personnes, remarquant l'extrême rapidité des chevaux et l'embarras du postillon, fixèrent leur attention sur la voiture et virent alors le Prince se lever debout dans la calèche, regarder avec soin en avant et, ne reconnaissant aucune cause d'embarras, se rasseoir tranquillement. A 150 pas environ plus loin, S. A. R. se leva de nouveau et remarqua alors que le valet de pied qui devait être sur le siége de derrière n'y étaient plus ; soit que prévoyant un grand danger, il fut descendu plus tôt à l'aide du marche-pied, soit qu'il eut été renversé par quelque cahot de la voiture, lancée à fond de train ; c'est alors que le Prince se décida et se précipita par-dessus la portière à gauche, à 250 pas de l'entrée du chemin de la Révolte, et à peu de distance du haras de lord Seymour.

Quelle que soit la cause qui eût arrêté son élan et gêné son mouvement, le Prince tomba, la tête la première, sur le pavé de la route. Un ouvrier se précipita le premier pour le relever, il le tenait déjà soulevé dans ses bras, lorsque deux gendarmes, qui avaient, sans doute, remarqué le danger, vinrent l'enlever et le transportèrent dans la maison la plus voisine, une boutique d'épicier, tout en face de la porte des écuries de lord Seymour. Il était alors midi moins un quart.

S. A. R. avait complètement perdu connaissance, quand l'ouvrier qui le premier lui avait porté secours, le releva. On ne voyait qu'une contusion à la tempe gauche et quelques blessures aux jambes. Mais le sang coulait par la bouche, par le nez, et même par les yeux.

Le premier médecin qui fut appelé, M. Duval, directeur de l'établissement orthopédique près la porte Maillot, reconnut aussitôt que le crâne était fracassé et ne cacha pas qu'il ne conservait aucun espoir.

Cependant la nouvelle de cet accident avait été apportée à Neuilly. La Reine était partie à

pied en toute hâte; le Roi l'avait suivie. S. M.
avait dû aller à midi présider le conseil des ministres aux Tuileries. Ses voitures étaient prêtes;
elles rejoignirent LL. MM. qui, accompagnées
de Madame la princesse Adélaïde et de Madame la princesse Clémentine, continuèrent
leur route en voiture jusqu'à la maison où M.
le duc d'Orléans avait été porté, et où il ne
donnait presque plus aucun signe de vie. On
se figure plus aisément qu'on ne les décrit,
l'émotion et la douleur de LL. MM. et de
LL. AA. RR. en présence d'un pareil spectacle.

Cependant M. le docteur Pasquier fils, premier chirurgien du Prince royal, venait d'arriver. En même temps, M. le duc d'Aumale,
accouru de Courbevoie, et M. le duc de Montpensier, de Vincennes, avaient rejoint leurs
augustes parents.

Le docteur, après avoir examiné l'état du
blessé, avait déclaré que sa situation était des
plus graves. On craignait un épanchement au
cerveau; et tous les symptômes se réunissaient
malheureusement pour donner crédit à cette
appréhension redoutable. Chaque minute sem-

blait empirer le mal. Le Prince n'avait pas repris un seul instant connaissance. Quelques mots, confusément prononcés en langue allemande, avaient seuls pu inspirer un espoir, presque aussitôt évanoui que conçu.

A deux heures, le mal empirant, le roi donna l'ordre de faire prévenir Mme la duchesse de Nemours, qui était restée à Neuilly d'après le désir de S. M. La Princesse arriva quelques instants après, accompagnée de ses dames.

Aucune plume ne peut rendre l'aspect déchirant que présentait la chambre où le Prince royal avait été déposé, au moment où la duchesse de Nemours était venue confondre ses larmes avec celles de sa famille. La Reine et les Princesses étaient agenouillées auprès du lit du Prince mourant, versant sur cette tête si chère des flots de larmes et de prières. Les Princes sanglottaient. Le Roi, debout, immobile, les yeux fixés sur le visage décoloré de son fils, suivait les progrès du mal dans un silence douloureux. Au-dehors la foule augmentait à chaque minute, éperdue et consternée.

M. le curé de Neuilly et son clergé, prévenus par ordre du Roi, s'étaient immédiatement
rendus à Sablonville.

Cependant, sous l'influence d'une médication
énergique, l'agonie du Prince se prolongeait.
La vie se retirait, mais lentement, et non sans
lutter contre la destruction qui allait emporter
tant de jeunesse. Un moment la respiration
parut plus libre, le pouls devint sensible, et
comme les cœurs désolés se rattachent aux
moindres espérances, on se reprit à espérer.
Un instant de calme interrompit cette longue
scène d'affliction. Mais cette lueur d'espoir disparut bientôt. A quatre heures, le Prince royal
était en proie à tous les symptômes les moins
équivoques d'une fin prochaine. A quatre heures et demie, il rendait son âme à Dieu, béni
par la religion qui avait assisté à ses derniers
moments, entre les bras du Roi son père, qui
avait incliné ses lèvres sur ce front mourant,
sous les larmes de sa mère infortunée, au milieu des sanglots et des cris de toute sa famille.

Le Prince mort, le Roi avait entraîné la
Reine dans une pièce contiguë à la chambre
mortuaire, et, où les ministres, les maréchaux

et tous les assistants étaient rassemblés. On se précipite auprès de la Reine. « Quel malheur « pour notre famille! s'écrie S. M.; mais quel « affreux malheur aussi pour la France! » En prononçant ces mots, la Reine sanglottait. Autour d'elle, tout était en larmes, gémissements, désolation. Le Roi s'est approché du maréchal Gérard, qui fondait en larmes, et lui a serré la main avec une indicible expression de douleur paternelle, de résignation magnanime et de fermeté toute royale.

Cependant la dépouille mortelle du prince royal avait été placée sur une litière recouverte d'un drap blanc. La Reine avait refusé de remonter dans sa voiture, et elle avait déclaré qu'elle accompagnerait le corps de son fils jusqu'à la chapelle du palais de Neuilly, où elle a voulu qu'il fût exposé. En conséquence, on avait fait venir en toute hâte une compagnie d'élite du 17e régiment d'infanterie légère pour former la haie sur le passage du cortége funèbre; et c'est ainsi que ces braves, qui avaient accompagné le prince royal dans le défilé des Portes-de-Fer et sur les hauteurs de Mauzaïa servaient aujourd'hui

d'escorte à son convoi. Plusieurs soldats pleu-
raient; tous se rappelaient avec quelle valeur
brillante le duc d'Orléans abordait l'ennemi,
par quelle bienfaisance délicate et généreuse
il savait tempérer la rigueur nécessaire du
commandement.

A cinq heures, le lugubre cortége s'est mis
en route. Le lieutenant-général Athalin marchait en avant de la litière, qui était portée
par quatre sous-officiers. Derrière le corps
suivaient à pied : le Roi, la Reine, Mme la
princesse Adélaïde, Mme la duchesse de Nemours, Mme la princesse Clémentine, M. le
duc d'Aumale, M. le duc de Montpensier. Venaient ensuite M. le maréchal Soult, les ministres, le maréchal Gérard, les officiers-gé-
néraux, les officiers du Roi et des princes et
toute la foule des assistants.

Le convoi parcourut ainsi l'avenue de Sablonville, franchit la vieille route de Neuilly
et entra dans le parc royal, qu'il traversa
dans toute sa longueur. Le Roi n'avait voulu
céder à personne le droit de conduire ce premier deuil de son fils aîné. Il est ainsi arrivé,
accompagné de la Reine, jusqu'à la chapelle

du château, où LL. MM. et LL. AA. RR.,
après s'être agenouillées devant l'autel, ont
laissé le corps de leur enfant bien-aimé sous
la garde de Dieu !

Le soir, la famille royale s'était retirée. Le
chancelier et les ministres seuls ont été admis
chez le Roi.

A sept heures du soir, M. Bertin de Veaux,
officier d'ordonnance du prince royal, et M. Chomel, premier médecin de S. A. R., sont partis
pour Plombières, où Mme la duchesse d'Orléans
devait passer une saison de bain. Au milieu
des émotions déchirantes de cette journée funeste, le souvenir de cette princesse infortunée,
n'a pas cessé d'être présent à la pensée de sa
famille d'adoption.

A neuf heures, Mme la duchesse de Nemours et Mme la princesse Clémentine, accompagnées de Mme Angelet et de M. le
lieutenant-général de Rumigny, ont également
ment pris la route de Plombières.

LL. AA. RR. sont chargées de porter à la
duchesse d'Orléans des lettres du Roi et de la
Reine.

A dix heures, M. le duc d'Aumale, accom-

pagné de M. le comte de Monguyon, aide-
de-camp du prince royal, a été envoyé par le
Roi au pavillon de Marsan, où il a été procédé, en sa présence, à la mise des scellés sur
les papiers de S. A. R.

M. le commandant de Larue, officier d'ordonnance du Roi, est parti pour le château
d'Eu, avec mission de ramener LL. AA. RR.
le comte de Paris et le duc de Chartres, qui
devaient passer la saison des bains de mer
dans cette résidence.

Il y a un nom que nous n'avons pas prononcé pendant ce long récit. C'est celui de M.
Boismilon, l'ancien précepteur, l'ami fidèle,
le conseiller sincère et dévoué de M. le duc
d'Orléans. M. Boismilon avait accompagné
à la ville d'Eu, les enfants de son royal élève.

Quelques instants après le départ du convoi
funèbre on ne voyait plus sur la route, au lieu
même où ce lamentable événement s'était
accompli, que quelques ouvriers attroupés
devant la boutique où le prince avait rendu
le dernier soupir; des habitants des maisons
voisines qui, sur le seuil de leur porte, en

racontaient les détails avec une profonde émotion.

Maintenant on est porté à croire que le prince royal n'aurait pas eu l'intention de sauter hors de sa voiture. Après avoir examiné l'état de tous les organes, les médecins chargés de l'autopsie du prince ont constaté de nombreuses fractures à la voûte et à la base du crâne, la déchirure du cerveau et un épanchement considérable de sang dans le cerveau et la poitrine. Toute l'habileté de l'art eût été impuissante. On comprend à peine comment le prince a pu survivre près de quatre heures à ses horribles blessures : La mort aurait dû être instantanée. On ne peut donc attribuer la longue agonie du prince qu'à une robuste constitution et à une vigueur physique peu ordinaire. On a aussi remarqué que tous les autres organes étaient intacts et dans un état parfait de conservation. Il n'est donc pas vrai, ainsi que l'ont dit plusieurs journaux, que la colonne vertébrale ait été brisée, et que les tempes et d'autres parties du corps aient reçu des contusions.

M. Pradier a procédé, dans la chapelle de

Neuilly, à l'opération du moulage en plâtre du visage, des mains et des pieds de S. A. R. le duc d'Orléans. M. de Cailleux, directeur des musées royaux, accompagnait M. Pradier et a présidé à l'opération. Les traits du Prince n'étaient nullement altérés par la mort. Ils étaient empreints d'une douceur et d'une sérénité ineffables. Le plâtre de M. Pradier est très-bien venu, et tout permet d'espérer qu'il reproduira la ressemblance exacte de ce malheureux Prince, dont il n'existe qu'un portrait fidèle, celui qu'à récemment achevé M. Ingres, l'un des chefs-d'œuvre de ce grand peintre.

On a ensuite procédé à l'embaumement du corps par la méthode dite *égyptienne*. Elle a semblé la plus efficace pour la parfaite conservation de chaque organe.

Ainsi embaumé, le corps du Prince a été revêtu d'un uniforme entièrement neuf de lieutenant-général, et de tous les insignes de Prince royal. La Reine a voulu garder l'uniforme que S. A. R. portait au moment de l'accident à jamais regrettable du 13 juillet.

Puis le corps a été placé dans un premier cercueil en sapin doublé de soie, enfermé dans un cercueil de plomb soudé. Ce dernier a été enfermé dans un cercueil en chêne recouvert en velours. La dépouille mortelle du Prince a a été placée dans la chapelle du palais de Neuilly.

Après l'embaumement, la Reine a fait appeler le docteur-médecin du Prince royal, M. Pasquier fils. S. M. a voulu connaître la cause principale déterminante de la mort de son fils chéri. S. M. a dit que le Prince avait fait ses adieux au Roi la veille de la catastrophe du 13, et comme S. A. R. partait, la Reine lui demanda s'il reviendrait la voir le lendemain avant son départ. « PEUT-ÊTRE, » répondit le Prince. Ne dirait-on pas que l'infortuné avait le pressentiment de sa fin prochaine?

Bien qu'on ne puisse rien affirmer de certain sur les causes de la chute, les hommes de l'art pensent unanimement que le Prince n'a pas dû vouloir sauter hors de la voiture. Ceci résulte, surtout des témoignages de l'homme de suite et du gendarme qui tous deux ont relevé le prince; d'après eux, M. le duc d'Orléans se serait levé de bout dans la voiture pour donner quelques conseils au postillon;

mais ils ne se sont point aperçu que S. A. R. ait tenté *de sauter à pieds joints sur la route*; à peine le prince se serait-il levé qu'il aurait été renversé à terre. Cette version paraît décidément la seule vraie en raison de l'extrême vitesse avec laquelle allait la voiture. Le postillon, interrogé, a déclaré qu'il croyait bien que le prince lui avait adressé la parole, mais qu'il n'avait entendu que le son de sa voix et qu'il ne s'était pas aperçu de sa chute.

Le postillon a avoué qu'il était dans un état d'esprit à ne pouvoir rien comprendre. La violence et le nombre des fractures remarquées à la voûte et à la base du crâne ne permettent pas de douter que le prince ait été lancé involontairement hors de la voiture, et que sa tête soit tombée la première sur le pavé. Telles sont en substance, et d'après des détails succincts que nous avons recueillis, les importantes observations des médecins chirurgiens : elles ont été consignées dans un procès-verbal dressé avec un soin religieux.

On prétend qu'un des aumôniers qui assistait aux derniers moments du Prince, disait à la Reine une heure avant sa mort : « Priez Dieu, madame, pour la guérison de son Altesse Royale. » Cette mère éplorée qui entrevoyait déjà l'horrible malheur, s'écria : « Hélas, je ne m'abuse pas sur mon malheur, mon pauvre enfant n'a plus besoin que des prières des agonisants. »

Oh ! quels souvenirs déchirants pour cette auguste femme, pour l'heureuse mère de Palerme, qui déjà, à cette époque, faisait, pour son nouveau né, des rêves d'avenir et d'espoir : « J'étais trop heureuse et trop fière de lui, » disait-elle, le lendemain du fatal événement, Dieu me l'a enlevé ! » Oh ! il est des douleurs impossibles à décrire, des déchirements trop saints, d'ailleurs, trop sacrés, pour ne pas les profaner en les dépeignant, le cœur seul les ressent et les partage. !!

Courageuse dans son affliction, la Reine et son auguste famille, assistent à la messe célébrée dans la chapelle du château, en présence du lit funèbre. La chapelle a été transformée en chapelle ardente.

Le chapitre royal de Saint-Denis est chargé de l'office divin ; le Prince est resté exposé sur le lit qui avait servi à le transporter de la chétive maison où il a rendu le dernier soupir. Les chanoines de Saint-Denis sont assistés des clergés de Saint-Germain-l'Auxerrois, de Saint-Roch et de Neuilly. Quatre chanoines et trois prêtres de chacune des trois paroisses, sont constamment auprès du corps. Pendant toute la matinée, jusqu'à une heure, on dit des messes basses. A une heure, on dit vêpres et on les répète jusqu'à la nuit. Pendant la nuit on psalmodie les matines.

Le Roi se rend plusieurs fois dans la journée à la chapelle. Chaque fois, après s'être prosterné et avoir prié, il tire les draperies qui couvrent le corps de son fils, le contemple avec attendrissement, puis se retire en versant des larmes et après avoir jeté de l'eau bénite.

Les officiers d'ordonnance de S.M. et ceux des Princes, veillent également à tour de rôle auprès de la dépouille mortelle de Son Altesse Royale.

Une personne digne de foi, assure que, quelques jours avant l'événement, dans une réunion intime, la conversation vint à rouler sur les accidents de voitures; le Roi soutenait que, dans le cas où les chevaux viennent à s'emporter, le plus prudent est de rester dans la voiture; M. le duc d'Orléans prétendait, au contraire, qu'il fallait s'élancer dehors. Une triste fatalité a voulu que quatre ou cinq jours après, cette singulière controverse fut jugée d'une façon si lamentable.

La maison dans laquelle M. le duc d'Orléans a rendu le dernier soupir, a été fermée le lendemain; S. M. le Roi en a fait l'achat. Des personnes envoyées du château ont fait un inventaire minutieux de tous les meubles et objets que cette chambre contient. M. Lecordier, propriétaire de ces effets, voulait enlever une faux suspendue à la muraille, mais on l'a prié de l'y laisser. On a, de plus, levé de la manière la plus exacte, le plan de la chambre avec la place que chaque objet y occupait. Une pièce absolument pareille sera disposée au palais de Neuilly, et tous ces objets y occuperont la place où ils étaient lors de la mort du Prince. Ce sera, pour la Reine, qui en a exprimé le vœu, un triste et pieux souvenir. Cette maison, où est décédé le Prince royal, va être démolie, et une chapelle sera élevée sur son emplacement.

Le corps du Prince restera exposé dans la chapelle ardente du palais de Neuilly jusqu'au 26 de ce mois. On pense qu'à cette époque il sera transporté au palais des Tuileries, où il restera dans la salle du Trône jusqu'au moment des funérailles, qui auront lieu dans les premiers jours d'août.

S. A. R. le duc de Nemours en apprenant la mort de son noble frère, a paru frappé de stupeur, et a pris immédiatement la route de Paris. Arrivé à Neuilly, et, après avoir confondu sa douleur avec celle de son auguste famille, il s'est rendu dans la chapelle ardente où il a prié agenouillé devant le cercueil de son frère.

Il est également impossible de décrire la scène qui a eu lieu au palais de Neuilly à l'arrivée de LL. AA. RR. le comte de Paris et le duc de Chartres ; la Reine s'est jetée en pleurs aux pieds de ses enfants et les a caressés pendant plusieurs heures en les baignant de ses larmes, en invoquant le ciel, en le suppliant de les lui conserver pour le bonheur de la France, pour sa famille.

Les jeunes Princes paraissent du reste jouir d'une bonne santé. Le Roi les a conduits dans l'appartement préparé pour LL. AA. RR. Les augustes enfants ignorent encore le malheur qui les a frappés, mais la contenance désolée de leurs parents et des personnes qui les entourent paraît les affecter péniblement.

Mais ce qui ne saurait s'exprimer, c'est la douleur intense de S. A. R. Mme la duchesse d'Orléans.

Le Roi et la Reine attendaient S. A. R. à la descente de voiture, en avant du vestibule du *Petit-Château*, où les appartements de la princesse avaient été préparés. Le Roi a reçu sa fille entre ses bras; la Reine l'a inondée de ses larmes. La duchesse sanglotait... Mais comment raconter une scène qui n'a pas eu de témoins? Tout le monde s'était éloigné par respect pour les premiers et augustes épanchements d'une si grande infortune.

La nouvelle de la mort soudaine de M. le duc d'Orléans était parvenue à Plombières dans la journée du jeudi 14. M. le duc de Nemours, avant de quitter Nancy, avait fait expédier à M. le lieutenant-général Baudrand une dépêche qui contenait ces mots : « Le duc d'Orléans est mort à Paris. » Quand le général reçut cette nouvelle, la duchesse venait de rentrer d'une longue promenade, et elle se préparait pour le dîner, auquel plusieurs personnes avaient été invitées. Le général courut chez le préfet, et en revint bientôt avec une nouvelle dépêche, rédigée par eux pour la circonstance, dans laquelle il était question non plus de la mort, mais d'une maladie grave du Prince royal. La Princesse reçut avec une émotion douloureuse cette première et prudente communication de l'affreux malheur qui devait la frapper. Elle voulut partir sur-le-champ, et le général disposa tout pour son départ immédiat. Deux heures après, S. A. R. était en voiture. Elle voulut suivre la route de Neufchâteau pour éviter Nancy. « Le duc d'Orléans me grondera, dit-elle, en partant, n'importe, mon parti est pris! »

A quelques lieues en deça d'Épinal, pendant la nuit, la voiture de S. A. R. fut soudain arrêtée par la rencontre de celle qui devait conduire à Plombières M. le commandant Bertin de Vaux et M. Chomel. Ce dernier s'approcha de la portière de la princesse, qui mit pied à terre avec une vitesse extraordinaire. « Quelles nouvelles? demanda S. A. R. toute tremblante. Il est donc plus malade? » M. Chomel n'eut pas la force de répondre. « Il est mort! Je vous comprends! » s'écria la Princesse avec un accent déchirant; et on eut dit qu'elle allait succomber sous le poids de son malheur. La crise fut longue et terrible... Après avoir dit qu'elle comprenait, la Princesse ne voulait plus croire à la réalité d'une catastrophe si épouvantable. « Non, cela n'est pas possible! s'écria-t-elle avec angoisse. Vous vous trompez, il n'est pas mort? Nous le retrouverons. Je le reverrai! »

Cette scène de douleur, à laquelle l'obscurité de la nuit ajoutait un deuil affreux, durait depuis longtemps. La princesse fut reportée dans sa voiture; elle ordonna de faire la plus grande diligence. Elle voulait arriver à temps « Pour revoir mort, disait-elle, celui que le ciel l'avait condamnée à ne plus retrouver vivant! »

A Mirecourt, S. A. R. rencontra ses augustes

sœurs, la duchesse de Nemours et la princesse Clémentine , qui venaient au devant d'elle et qui avaient déjà passé deux nuits. Elle monta dans leur voiture et continua sa route vers Paris, sans s'arrêter un seul instant.

Partout, sur le passage de S. A. R. les populations ont témoigné par leur contenance respectueuse, triste et consternée, la part qu'elles prenaient à son malheur.

Arrivée à Neuilly, et après avoir été reçue par LL. MM., Mme la duchesse d'Orléans a demandé ses enfants, qui lui ont été amenés. Elle les a pressés sur son cœur en les baignant de larmes.

Ensuite S. A. R. a été conduite par LL. MM. dans la chapelle où repose le corps de M. le duc d'Orléans. La Princesse s'est agenouillée et a fait une prière. Puis elle a demandé avec instance que le cercueil fût ouvert.... Mais cette triste et suprême consolation ne pouvait plus être accordée à sa douleur. Le cercueil avait été scellé avec du plomb, et il eût été impossible de l'ouvrir sans y employer beaucoup de temps et beaucoup d'efforts.

Mme la duchesse d'Orléans a été ensuite ra-

menée dans ses appartements, où S. A. R.
s'est mise au lit.

La Princesse s'est levée à trois heures, et
elle a voulu recevoir ceux des officiers du royal
défunt qui se trouvaient en ce moment au château. M. le général Marbot, M. le duc d'Elchingen, M. le docteur Pasquier, M. de Boismilon et M. Asseline ont été successivement
introduits. La Princesse a également reçu Mme
la duchesse d'Elchingen.

Le soir, Mme la duchesse d'Orléans a voulu
dîner avec LL. MM. et la famille royale.

La santé de la Princesse ne paraît pas avoir
été sérieusement ébranlée par l'horrible épreuve qu'elle vient de subir. Après un désespoir
déchirant, et dont ceux qui en ont été témoins
ne parlent encore qu'avec des larmes, la duchesse d'Orléans a retrouvé le calme, le cour-
rage et la résignation que les âmes fortes
savent opposer aux coups du sort. La veuve du
Prince royal s'est souvenue qu'elle est la mère
du comte de Paris. Fille adoptive de notre roi,
chère au pays, qui aime en elle la réunion des
plus rares qualités de l'esprit et du cœur, elle
sait les grands devoirs de mère qui lui restent

à remplir, et elle y prépare son âme au sein
même de cette accablante douleur! La duchesse
d'Orléans était digne de s'asseoir sur un trône
à côté du Prince que la France pleure en ce
moment avec une si touchante unanimité. Elle
se montrera digne encore d'un tel époux en
apprenant à ses fils à imiter un tel père!

On a ouvert le testament du Prince royal. A
sa date, on a reconnu qu'il avait été écrit la
veille de l'expédition d'Afrique qui a été si-
gnalée par le passage des Portes-de-Fer et à
laquelle S. A. R. Mgr. le duc d'Orléans prit
une part si glorieuse.

Le roi des Belges a reçu le 14, à midi, la
nouvelle de la mort du duc d'Orléans.

C'est le Roi des Français lui-même qui lui a
fait part de ce fatal événement, en lui expri-
mant le désir de le voir immédiatement avec
la Reine.

Aussitôt après l'arrivée au palais de Laeken
du courrier porteur de la nouvelle de la mort
du duc d'Orléans, les ministres se sont rendus
auprès de LL. MM., et peu après, M. le marquis de Rumigny, ambassadeur de France, a
été reçu par le Roi et la Reine. Il est impos-

sible de dépeindre la douleur qu'ont ressentie LL. MM. en apprenant ce malheureux événement; la Reine fondait en larmes.

C'est toujours une mission douloureuse, et surtout difficile, que celle de faire la biographie d'un illustre personnage, sur sa tombe encore entrouverte. Néanmoins ici notre tâche a été moins pénible, car nous pouvons prendre à témoin la population tout entière, que jamais un pareil événement ne fut reçu avec une douleur plus universelle et plus sincère. La mort du Prince Royal qui faisait l'espoir de la France, et qui est enlevé à la fleur de son âge, par un accident imprévu, est considérée comme une calamité nationale.

A part quelques bien rares exceptions, la consternation est profonde ! Ces quelques rares exceptions, bassement envieuses d'un hommage rendu à la mémoire d'un Prince que leur égoïste ambition méconnaissait, pourront peut-être, dans notre biographie, nous accuser de partialité. A celles-là nous répondrons : Non, nous ne sommes qu'historien consciencieux. Aucune partialité n'a guidé notre plume; mais nous sommes de ces personnes qui, par nature, indépendantes de toute coterie politique, rendent hommage au mérite, là où il se trouve. De même aucun intérêt personnel ne nous a porté à montrer la vie de M. le duc d'Orléans, à travers un prisme séduisant mais trompeur. Notre modeste position sociale ne relève que de notre travail. Aucun des nôtres n'appartient, ou plutôt n'occupe de place dans le gouvernement, et ne désire en occuper.

Après cette franche profession de foi, notre véridique récit ne sera plus suspecté. D'ailleurs l'armée n'est-elle pas là pour attester les talents militaires et le courage du Prince? Nous invoquons aussi le témoignage du peuple, pour lequel S. A. R. fut toujours affable et bonne. Nous invoquons le souvenir des amis d'enfance, et celui des personnes qui entouraient M. le duc d'Orléans!!

FIN.

www.ingramcontent.com/pod-product-compliance
Ingram Content Group UK Ltd.
Pitfield, Milton Keynes, MK11 3LW, UK
UKHW020011080726
13614UKWH00003B/1323